UN COUP-D'ŒIL

SUR LE

RÉVEIL DU PEUPLE

OU CE QU'ON N'A POINT ENCORE OSÉ DIRE
DEPUIS 40 ANS.....

LA VÉRITÉ.....

LA VÉRITÉ AUX PUISSANCES.

AU LECTEUR.

Êtes-vous ami de l'humanité?.....
Êtes-vous homme de goût?....... LISEZ!

PRIX : 50 CENTIMES.

———— ❊ ————

SE VEND CHEZ L'ÉDITEUR,
RUE DE LA HARPE, 26.
——
1832

UN COUP-D'OEIL

SUR LE

RÉVEIL DU PEUPLE

OU CE QU'ON N'A POINT ENCORE OSÉ DIRE
DEPUIS **40** ANS.....

LA VÉRITÉ.....

LA VÉRITÉ AUX PUISSANCES.

. . . .

Ce qu'on n'a point encore osé dire depuis 40 ans :

LA VÉRITÉ......

———

LA VÉRITÉ AUX PUISSANCES

QUE N'A JAMAIS CRAINT DE BLESSER UN DEFENSEUR
ZÉLÉ DES INTÉRÊTS DES PEUPLES.

Production neuve et bien faite sans doute pour piquer
la curiosité et fixer à la fois l'attention des vrais
amis de l'humanité et de tous les hommes
de goût qui doivent en être les
lecteurs.

UN COUP-D'ŒIL

SUR LE

RÉVEIL DU PEUPLE

OU

Jugement porté par divers censeurs éclairés sur
cette nouvelle production.

AU LECTEUR.

Etes-vous ami de l'humanité?
Etes-vous homme de goût?

LISEZ.........

IMPRIMERIE DE DUCESSOIS,
Quai des Augustins, 55.

UN COUP-D'ŒIL

SUR LE

RÉVEIL DU PEUPLE.

———◆———

ENCORE un nouvel ouvrage ! s'écrie un indiscret
et sévère censeur; qu'en avions-nous besoin?
pourra-t-il échapper au fragile destin de cette foule
d'écrits qui ne surnagèrent quelques instans sur
le fleuve d'oubli, que pour y être ensevelis à
jamais.

Eh! oui, sans doute..... Au reste, pour le juger,
il faut le lire.

Paris, on le sait, regorge de nouveaux ouvrages, dont, chaque jour, le bon goût fait justice.

Mais, que disent-ils de nouveau? Celui-ci, nous
osons le dire, en dépit de l'envie, celui-ci est d'un
genre absolument neuf.

Tout ce qu'ont publié nos fertiles écrivains,
dans ces frivoles productions, est leur domaine,
et l'auteur l'a respecté. Pas une page, pas une ligne
de son ouvrage qui ne porte le cachet d'une ori-
ginalité piquante; il a écrit ce qu'ils n'ont point

écrit, et il n'a point écrit comme ils ont écrit.
Faites moins et faites mieux, tel est le précepte
du sage, et tel est celui qu'il sut constamment
mettre en pratique.

Amant passionné des lettres, depuis vingt ans,
leur étude fut son étude chérie, et leur culture
chaque jour, fit ses plus douces délices; depuis
vingt ans, il médite, il travaille, il écrit... et il n'a
encore rien publié. Quel exemple! quel sujet de
méditations profondes pour quelques-uns de nos
trop fertiles écrivains!

Mais il est l'ami vrai, et ses amis sont encore
plus les amis du peuple; il est, ils sont tous les
plus zélés défenseurs de ses droits.

Depuis trop long-temps le peuple dormait, et
il fallait l'éveiller.

Il fallait qu'ils fissent de concert, il fallait qu'il
fît lui-même une sorte de violence à sa modestie,
pour qu'il livrât à la publicité son ouvrage sur *le
Réveil du Peuple;* c'est un hommage public que
nous devons rendre ici au mérite qui le distingue, et, nous l'avouerons, cet ouvrage déjà com-
posé depuis près d'un an, était peut-être destiné
à rester long-temps encore enseveli dans l'obscu-
rité, comme tant d'autres productions estimables
et dignes d'un meilleur sort, lorsque, cédant à l'ir-
résistible empire de l'amitié, et surtout de l'amour
de la patrie, il se décida enfin à le soumettre au

jugement de quelques censeurs éclairés, puis à l'of-
frir à la curiosité du public; toujours équitable et
toujours avide de ces rares productions que le bon
goût a fait éclore, il saura justement apprécier le
premier hommage d'un modeste écrivain dont le
talent éprouvé ne s'exerça long-temps, dans la
solitude, que pour y acquérir plus sûrement le
grand art d'écrire; cet art si difficile de plaire et
d'instruire à la fois; cet art de parler au cœur,
d'éclairer en charmant l'esprit, de captiver l'attention et le suffrage du lecteur.

Comme ce ne fut qu'à l'amour des lettres que
nous dûmes l'invincible courage par lequel seul
nous sûmes triompher de toutes les résistances
de l'auteur, ce sera aussi ce noble sentiment qui
nous fera un devoir sacré de publier ici, et cette
espèce de larcin qui nous honore, et le jugement
qu'ont porté de cette aimable production les lit-
térateurs distingués qui en furent bien moins les
censeurs que les apologistes.

Nous aimons à nous persuader que ce jugement
éclairé ne saurait être en désaccord avec celui de
tous les hommes de goût qui doivent en être les
lecteurs.

L'on doit se garder de confondre cet ouvrage
avec cette foule de productions éphémères, ouvrages de circonstance, qui n'ont que le mérite
et le piquant de la nouveauté. C'est une vive lu-

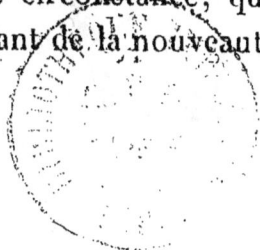

mière dont l'éclat plaît à tous les yeux, mais que voit briller et s'éteindre un même jour, frivole aliment de la curiosité de l'esprit, qui ne laisse dans l'âme du lecteur qu'une impression passagère, qui s'efface avec la cause qui l'a fait naître.

L'intéressant ouvrage offert à la méditation du lecteur est un véritable roman philosophique, qui brille à la fois par la beauté de sa doctrine et par la pureté de sa morale.

L'auteur s'y distingue autant par le brillant de l'imagination, la force et l'énergie de la pensée, que par la grâce et l'élégance de l'expression.

Le jurisconsulte et le littérateur, l'homme d'état et le philosophe, y trouveront tous également des principes de saine morale et de philantropie, des sentimens élevés et généreux, bien faits, sans doute, pour les affermir et les diriger à la fois dans l'exacte pratique des plus rares et des plus sublimes vertus, comme des premiers devoirs de l'homme social, et surtout de ce pur patriotisme qui le caractérise, de cet ardent amour de la patrie et de la liberté toujours soumis aux lois qui répriment la licence, comme un de ses plus graves abus, subversible de l'ordre qu'elles ont pour but de maintenir et de protéger, de l'amour de l'humanité, de la justice et de l'égalité, de l'amour des peuples, autant que du respect profond dû aux droits sacrés de leur souveraine puissance ; ils y trouveront enfin des idées nobles, libérales et vraiment neuves dont la sublimité s'élève au-dessus de tout ce qui a été publié, depuis plus de quarante ans, sur la matière.

Partout ils y verront briller le flambeau de la vérité qui, en élevant et en éclairant l'esprit, portera graduellement la conviction dans l'âme du lecteur.

L'auteur y peint le peuple français tel qu'il est, tel qu'il fut, tel qu'il sera toujours :

Comme une nation philantrope et amie de l'humanité, de la justice et de la vérité ; comme un peuple grand et magnanime, vaillant et belliqueux ; comme un peuple de héros qui, dans les mémorables journées de juillet 1830, par son courage et son intrépidité, autant que par ses hauts faits, s'est illustré et couvert de gloire aux yeux de l'univers étonné, et qui a su presqu'en même temps attaquer, combattre et terrasser le monstre du despotisme tombé expirant sous ses coups, secouer le joug de la tyrannie et conquérir la liberté...

L'auteur adresse à ce peuple, toujours léger, le trop juste reproche d'avoir souvent laissé le champ libre aux perfides et infatigables ennemis de la patrie, dont la main invisible a inhumainement déchiré son sein par des dissensions sans cesse renaissantes, en attisant dans l'ombre tous les feux de la discorde qui, dans cette vaste cité, a depuis

trop long-temps exercé ses ravages; puis , avec ce
noble zèle et ce généreux dévouement qui carac-
térisent un cœur français, il réveille spontané-
ment ce peuple conquérant profondément en-
dormi sur ses lauriers; il l'éveille sur ses vrais,
ses plus chers intérêts, sur les droits sacrés de sa
souveraine puissance, audacieusement méconnus
et publiquement attaqués; il le rappelle à la fois à
l'honneur, au respect de ses sermens et de ses devoirs, au respect de lui-même, au soin, au noble
soin de sa grandeur et de sa gloire qui en sont inséparables.

L'auteur accuse également à juste titre quelques
audacieux novateurs d'avoir, au sein même de
l'assemblée de ses représentans, perfidement at-
tenté à la dignité de la représentation nationale
en offrant à leur sanction une loi liberticide et
infamante qui modifiait et conservait à la fois la
loi tyrannique de la contrainte par corps, puis
d'avoir, par une bizarre inconséquence et une
contradiction choquante, osé tenter d'introduire
dans la législation française, la monstrueuse et ré-
voltante alliance de l'aimable empire de la liberté
au règne odieux de la tyrannie.

L'auteur nous peint, avec autant de grâce et
d'énergie que de vérité , l'intéressant tableau de
ces sages, de ces savans, justement célèbres, de
ces hommes vertueux, amis vrais autant que dé-

voués aux intérêts et à la cause des peuples, justes
appréciateurs et protecteurs de leurs droits, élo-
quens et zélés défenseurs de l'humanité, de la justice et de la vérité, dont les beaux jours de juillet
1830 nous offrirent, dans la représentation nationale, les rares et parfaits modèles, en donnant
aux souverains et aux peuples de savantes leçons
d'amour de la liberté et de la patrie.

L'auteur nous peint ici la vertu avec tous ses
charmes, nous peint sa beauté dans tout son
éclat, et il est impossible aux plus zélés partisans de
la tyrannie, en portant un regard attentif sur ce
tableau touchant, de se défendre d'un sentiment
mêlé d'amour et d'admiration pour la vertu qu'il
regrette et rougit à la fois de n'avoir pu pratiquer,
autant que d'un profond mépris et d'une secrète
horreur pour le vice qui, trop long-temps, le soumit
au pouvoir de ses charmes, et qui n'a plus que de
vains attraits pour son cœur.

L'auteur nous peint encore, sous les plus aima-
bles couleurs, la liberté soumise à l'empire des
lois.

En envisageant ce tableau plein de vérité et de
charmes, le lecteur, quelqu'il puisse être, doit
condamner et abhorrer à la fois, la licence et
l'anarchie, que condamnent et répriment de concert toutes les lois protectrices de l'ordre et de la
liberté qui en est inséparable.

L'auteur traite principalement de la contrainte par corps, question du plus haut intérêt, question si souvent agitée et si rarement résolue, et bientôt par une démonstration solide et lumineuse, qu'il prend soin d'embellir de toutes les grâces du style, et de quelques traits piquans et vraiment neufs, il conduit rapidement le lecteur par une route nouvelle et toujours semée de quelques fleurs, à cette parfaite solution qui fait l'objet, le digne objet de tous les vœux de la nation, du commerce, et de la société toute entière ;

L'auteur, dans les faits, puise ses preuves, qu'il appuie de l'expérience de tous les peuples : en établissant les graves et nombreux abus, inséparables de cette loi immorale et tyrannique, il trace, aux yeux du lecteur, l'horrible et trop fidèle tableau de ces vils et infâmes suppôts du despotisme dont elle émane, et qui sont les méprisables instrumens de son exécution; de ces hommes, de ces tigres qui s'engraissent de la substance du pauvre, de la veuve et de l'orphelin, dont ils sucent le sang le plus pur ; de ces nouveaux cannibales, de ces âmes de boue dévorées de la soif de l'or, et qui font métier de dévorer leurs semblables. L'auteur en peint toute la noirceur et la perversité, en signalant à tous les yeux la coupable barbarie de leurs opérations clandestines et criminelles. Il cite diverses anecdotes extrêmement curieuses et d'un intérêt

éminent, qui occupent une importante partie de
cet ouvrage ; il y peint des scènes déchirantes et
capables d'arracher des larmes au cœur le plus
insensible. Enfin, après s'être élevé avec autant
de force que d'énergie contre ces vices et ces
abus révoltans de la loi tyrannique de la contrainte
par corps, il établit jusqu'à l'évidence l'impé-
rieuse nécessité de la suppression de cette loi
monstrueuse, et persuade aisément le lecteur en
la lui rendant odieuse

Cette importante question offre au lecteur une
question de jurisprudence, et par conséquent la
matière d'une discussion toujours fastidieuse, écueil
dangereux et inséparable de toutes les productions de ce genre.

Mais l'auteur a pris soin, par d'heureuses et
d'agréables digressions, d'y répandre un charme
puissant qui saura dérober au lecteur l'aridité du
sujet, en sorte que cette estimable production est
la seule peut-être où l'auteur ait trouvé le
moyen ingénieux, et encore inconnu jusqu'à-lors,
d'embellir une grave discussion de jurisprudence,
et de la rendre aimable à tous les yeux.

L'auteur termine cet ouvrage, en y traçant,
avec autant d'énergie que de vérité, l'intéressant tableau du modèle des rois :

D'un roi, l'honneur et la gloire de son peuple;
d'un monarque, de ses sujets, bien moins le roi que

le père; d'un monarque dont les vertus, en lui méritant ce titre auguste, montèrent avec lui sur le trône, et font seules à la fois l'éclat et l'ornement de sa couronne; d'un roi sans gardes et sans faste; en un mot, d'un roi-citoyen, chef suprême de ses états, qu'il gouverne comme une grande famille, régnant sur ses sujets, non par la crainte qui fait les esclaves, mais par l'amour seul qui sait enchaîner tous les cœurs; enfin, d'un roi vertueux, libéral autant que populaire, et par conséquent le premier et le plus grand monarque du monde.

Nous éprouvons cette conviction, qu'en lisant et méditant cet ouvrage, l'homme de bien deviendra meilleur, et l'homme pervers éprouvera nécessairement une tendance invincible vers la vertu dont il a trop long-temps méconnu l'empire, et un sensible éloignement du vice dont il rougira de s'être souillé.

L'auteur de cette production y a tracé de son propre cœur la plus parfaite image : il y a peint à la fois la droiture, la franchise et la pureté d'un cœur français, d'un cœur ami de l'humanité, de la justice et de la vérité, d'un cœur où règnent de concert l'amour de la liberté et de l'égalité, autant que le respect du à la loi protectrice qui, en faisant chérir leur culte, sait seule perpétuer leur empire; enfin l'amour de son pays et de son roi, qui sont inséparables, surtout cet amour mutuel, source féconde d'un bonheur solide et durable, ainsi que ce bonheur lui-même en devient l'aliment essentiel et nécessaire.

Fasse le ciel que tous les français unis partagent ces nobles et sublimes sentimens, et que cette foule de productions frivoles, enfantées par nos trop fertiles écrivains, puisse bientôt faire place enfin à ces ouvrages utiles et raisonnables qui, tels que celui-ci, soient dictés par l'amour de la vertu, de la liberté et de la patrie.

Ce serait le plus doux fruit, le fruit le plus flatteur que l'auteur pût recueillir de ses veilles et de ses travaux, et ce doit être l'unique et digne objet du plus ardent de ses vœux.

NOTA. M. RAGON-DE-BLANCHEVILLE est auteur du *Réveil du Peuple*, et de plusieurs autres ouvrages qui sont sous presse.

Dans le mois de la mise en vente du *Réveil du Penple*, le prix de cet ouvrage ne sera que de 2 francs, et après ce délai, il sera de 3 francs.

www.ingramcontent.com/pod-product-compliance
Lightning Source LLC
Chambersburg PA
CBHW060723280326
41933CB00013B/2542